真剣乱舞祭 2022

彩 時 記

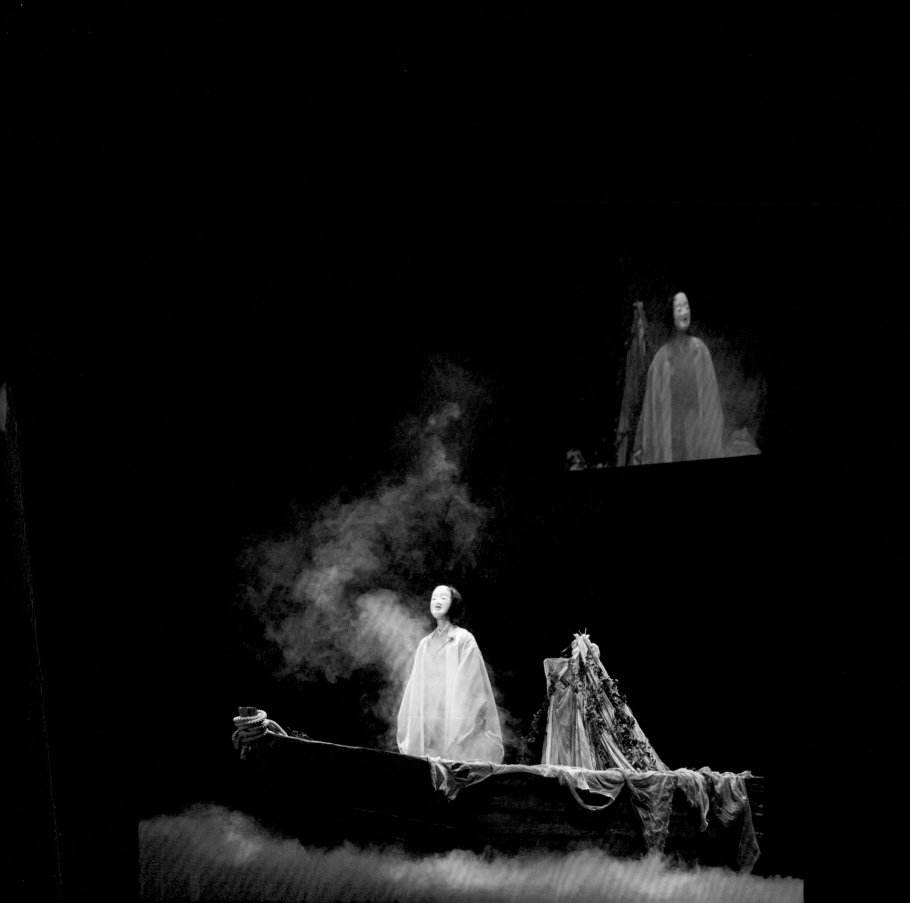

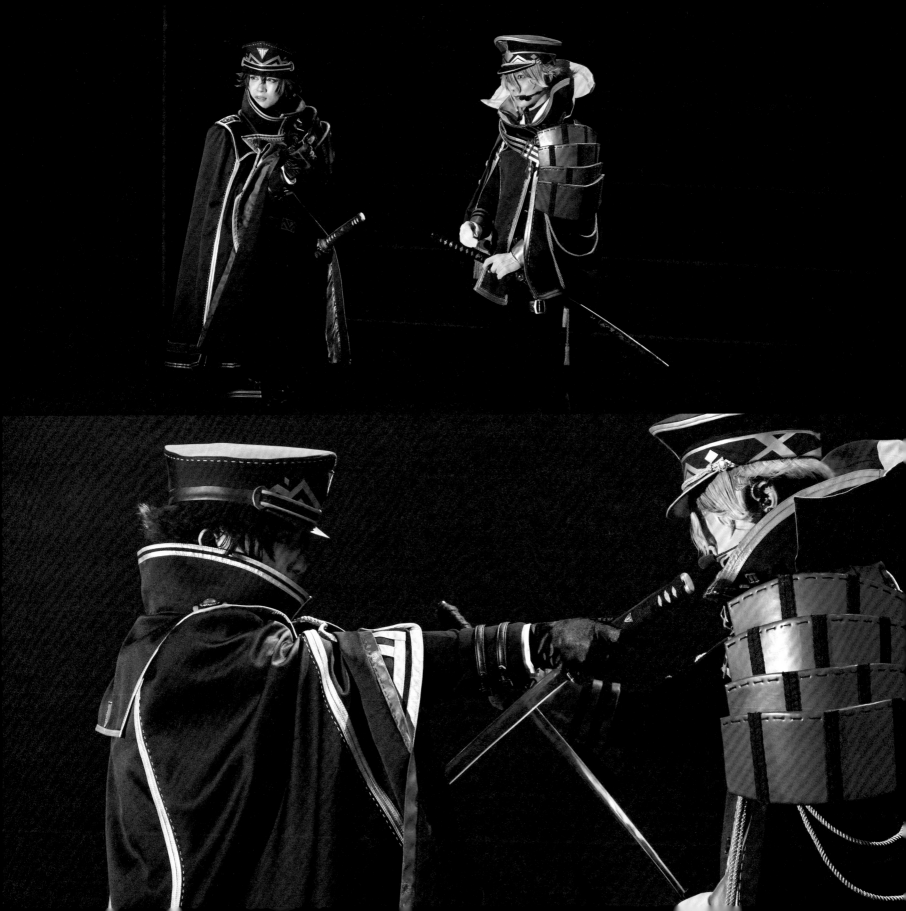

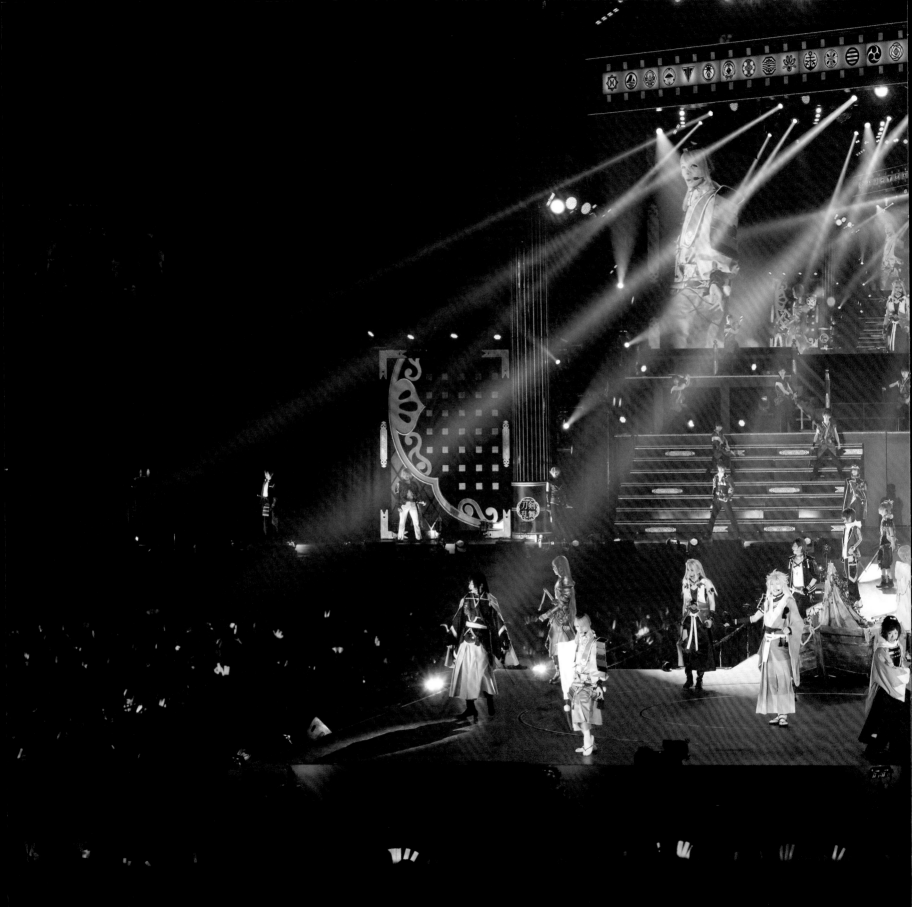

MUSICAL
刀剣
TOUKEN RANBU
乱舞

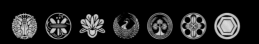

かみおくり

作詞：浅井さやか　作曲・編曲：和田俊輔
振付：本山新之助

ハレハレ祭り

作詞：浅井さやか　作曲・編曲：YOSHIZUMI
振付：本山新之助

祇園祭

作詞：民謡　作曲：民謡（YOSHIZUMI）
編曲：YOSHIZUMI　振付：本山新之助

ねぶた祭り

作詞：浅井さやか　作曲・編曲：YOSHIZUMI
振付：本山新之助　國友裕一郎

阿波踊り

作詞：浅井さやか　作曲・編曲：YOSHIZUMI
振付：本山新之助　國友裕一郎

エイサー

作詞：浅井さやか　作曲・編曲：YOSHIZUMI
振付：本山新之助　國友裕一郎

よさこい祭り

作詞：浅井さやか　作曲・編曲：YOSHIZUMI
振付：國友裕一郎　本山新之助

YOSAKOIソーラン

作詞：浅井さやか　作曲・編曲：YOSHIZUMI
振付：本山新之助

Free Style

作詞：大智　miyakei　作曲：大智
編曲：兒山啓介　振付：本山新之助

Lost The Memory 〔5月〕

作詞：miyakei　作曲：youwhich　兒山啓介
編曲：兒山啓介　振付：本山新之助

揺ら揺らら 〔6月〕

作詞：ats-　BOUNCEBACK
作曲・編曲：ats-　振付：本山新之助

Junk History 〔5月〕

作詞：miyakei　作曲：大智　原田峻輔
編曲：原田峻輔　振付：本山新之助

断然、君に恋してる！ 〔6月〕

作詞：mikito　てにをは　作曲・編曲：mikito
振付：本山新之助

お前が知ってる

作詞：茅野イサム　作曲・編曲：大西克巳
extend REMIX：YOSHIZUMI
振付：本山新之助

Jackal 〔5月〕

作詞・作曲：Kenji Kabashima（Wee's inc.）
編曲：WolfJunk（Wee's inc.）
Kenji Kabashima（Wee's inc.）
振付：本山新之助

焔 〔6月〕

作詞：山下和彰
作曲：YOW-ROW　山下和彰　YUKO
編曲：musatoils　振付：當間里美

BE IN SIGHT

作詞：miyakei　作曲：原田峻輔　大智
編曲：原田峻輔
extend REMIX：YOSHIZUMI
振付：本山新之助

約束の空

作詞：miyakei　作曲：大智　原田峻輔
編曲：原田峻輔
extend REMIX：YOSHIZUMI
振付：本山新之助

SUPER DUPER DAY 〔福井　愛知〕

作詞：katsuki.CF（Relic Lyric, inc.）
作曲：サイトウ リョースケ　TARO MIZOTE
katsuki.CF（Relic Lyric, inc.）
編曲：TARO MIZOTE
サイトウ リョースケ（Relic Lyric, inc.）
振付：本山新之助

llusion of my heart 〔大阪　宮城〕

作詞：山下和彰　作曲：Cube Juice　山下和彰
編曲：musatoils　振付：當間里美

未だ視ぬ世界 〔福岡　広島〕

作詞：山下和彰　作曲：YOW-ROW　山下和彰
編曲：musatoils　振付：當間里美

Dreamless Dreamer 〔千葉　東京前半〕

作詞：ats-　森月キャス　作曲・編曲：ats-
extend REMIX：YOSHIZUMI
振付：本山新之助

クロニクル 〔東京後半〕

作詞：miyakei　作曲：大智　兒山啓介
編曲：兒山啓介
extend REMIX：YOSHIZUMI
振付：本山新之助

Just Time 〔福井　愛知〕

作詞：miyakei　作曲：草川瞬　原田峻輔　大智
編曲：原田峻輔　振付：本山新之助

Be Cool!! 〔大阪　宮城〕

作詞・作曲：平義隆　編曲：内田敏夫
振付：本山新之助

風の先へ 〔福岡　広島〕

作詞：miyakei　作曲：大智　原田峻輔
編曲：原田峻輔　振付：本山新之助

Burn Out 〔千葉　東京前半〕

作詞：オタユキ　作曲：オタユキ　加藤祐平
編曲：加藤祐平　振付：本山新之助

Drive 〔東京後半〕

作詞・作曲：山田竜平　編曲：川崎智哉
振付：當間里美

Brand New Sky

作詞：前迫潤哉（Wee's inc.）
作曲：前迫潤哉（Wee's inc.）
ツカダタカシゲ（Wee's inc.）
extend REMIX：YOSHIZUMI
編曲：ツカダタカシゲ（Wee's inc.）
振付：本山新之助

Scarlet Lips

作詞：齋藤太賀　大山恭子
作曲・編曲：浅田大賞　振付：當間里美

美しい悲劇 〔5月〕

作詞・作曲・編曲：田尻知之（note native）
本澤尚之　振付：當間里美

Timeline 〔6月〕

作詞：miyakei　作曲：大智　原田峻輔
編曲：原田峻輔　振付：本山新之助

抱きしめて、雨 福井 愛知
作詞：柿沼雅美（Relic Lyric, inc.）
作曲：須田悦弘
　　　サイトウ リョースケ（Relic Lyric, inc.）
編曲：サイトウ リョースケ（Relic Lyric, inc.）
振付：本山新之助

Real Love 大阪 宮城
作詞・作曲：WolfJunk（Wee's inc.）
Special Arrange：YOSHIZUMI
振付：當間里美

Mirage 福岡 広島
作詞・作曲：Kenji Kabashima（Wee's inc.）
編曲：SiZK（Wee's inc.）　振付：本山新之助

In My Groove 千葉 東京前半
作詞：miyakei　KAY　作曲・編曲：KAY
振付：本山新之助

Re:verse 東京後半
作詞：渡邉シェフ（Relic Lyric, inc.）
作曲：Hiroki Sagawa（Relic Lyric, inc.）
宮澤樹生　編曲：須田悦弘（Relic Lyric, inc.）
振付：當間里美

Supernova 福井／愛知
作詞・作曲・編曲：SAKRA
extend REMIX：YOSHIZUMI
振付：本山新之助

Blackout 大阪／宮城
作詞：miyakei　作曲：大智　原田峻輔
Special Arrange：YOSHIZUMI
振付：本山新之助

Blue Light 福岡 広島
作詞・作曲・編曲：山田竜平
extend REMIX：YOSHIZUMI
振付：當間里美

きみを探してた 千葉 東京前半
作詞：藤原隆之 遠藤直弥
作曲・編曲：遠藤直弥 振付：本山新之助

14th son 東京後半
作詞：茅野イサム　作曲・編曲：YOSHIZUMI
振付：本山新之助

革命前夜
作詞：山下和彰　作曲：YOW-ROW
Cube Juice　山下和彰　YUKO　浦木裕太
編曲：musatoils　振付：當間里美

Yellow Sac Spider 福井
作詞・作曲・編曲：KAY
extend REMIX：YOSHIZUMI
振付：當間里美

SA・KA・ZU・KI 華兄弟！ 愛知
作詞・作曲・編曲：mikito　振付：本山新之助

漢花、美しき日々よ 大阪
作詞：miyakei　作曲：大智　児山啓介
編曲：児山啓介
extend REMIX：YOSHIZUMI
振付：本山新之助

解けない魔法 宮城
作詞・作曲・編曲：田尻知之（note native）
本澤尚之
extend REMIX：YOSHIZUMI
振付：本山新之助

Tears 福岡 広島
作詞：ats-　BOUNCEBACK　leonn
作曲・編曲：ats-　振付：本山新之助

誰のモノでもない人生 千葉
作詞・作曲・編曲：関屋直樹
振付：本山新之助

S 東京前半
作詞・作曲：SAKRA　編曲：金井泰馬
extend REMIX：YOSHIZUMI
振付：本山新之助

STARTING NOW 東京後半
作詞：katsuki.CF（Relic Lyric, inc.）
作曲：サイトウ リョースケ　katsuki.CF
TARO MIZOTE（Relic Lyric, inc.）
編曲：TARO MIZOTE
サイトウ リョースケ（Relic Lyric, inc.）
振付：本山新之助

mistake
作詞・作曲：多田慎也　TAKAROT
編曲：TAKAROT
extend REMIX：YOSHIZUMI
振付：本山新之助

To the North
（真剣乱舞祭 2022 ver.）
作詞：浅井さやか　作曲・編曲：YOSHIZUMI
振付：本山新之助

えおえおあ
作詞：篤志　渡辺光彦　茅野イサム
作曲：篤志　渡辺光彦　編曲：篤志
振付：本山新之助

ETERNAL FLAME
作詞：吉田 司
作曲：吉田 司　村山シベリウス達彦
編曲：musatoils
extend REMIX：YOSHIZUMI
振付：當間里美

漢道
作詞：渡辺光彦
作曲・編曲：篤志　YOSHIZUMI
振付：本山新之助

獣
作詞・作曲・編曲：SAKRA
extend REMIX＆Arrange：YOSHIZUMI
振付：本山新之助

問わず語り
作詞：浅井さやか　作曲：和田俊輔
編曲：原 嘉宏
extend REMIX：YOSHIZUMI
振付：本山新之助

『刀剣乱舞』〜カーテンコール〜
作詞：茅野イサム　作曲：篤志　渡辺光彦
編曲：篤志　extend REMIX：YOSHIZUMI

◯ … 月替わりナンバー　▭ … 会場替わりナンバー

ミュージカル『刀剣乱舞』真剣乱舞祭 2022

原案	「刀剣乱舞 -ONLINE-」より (DMM GAMES/NITRO PLUS)
構成・演出	茅野イサム
脚本	伊藤栄之進
音楽監督	YOSHIZUMI
振付・ステージング統括	本山新之助
振付	當間里美　國友裕一郎

CAST

小狐丸役	北園 涼
今剣役	大平峻也
大和守安定役	鳥越裕貴
和泉守兼定役	有澤樟太郎
堀川国広役	阪本奨悟
蜂須賀虎徹役	高橋健介
長曽祢虎徹役	伊万里 有
千子村正役	太田基裕 (福井・愛知・大阪・宮城公演)
蜻蛉切役	spi
明石国行役	仲田博喜
鶴丸国永役	岡宮来夢
桑名江役	福井巴也
松井江役	笹森裕貴
浦島虎徹役	糸川耀士郎
日向正宗役	石橋弘毅
豊前江役	立花裕大
大典太光世役	雷太 (福岡・広島・千葉・東京公演)
ソハヤノツルキ役	中尾暢樹
水心子正秀役	小西成弥
源清麿役	佐藤信長
五月雨江役	山﨑晶吾
村雲江役	永田聖一朗
大包平役	松島勇之介
小竜景光役	長田光平
南泉一文字役	武本悠佑
肥前忠広役	石川凌雅
榎本武揚役	藤田 玲
平将門役	川隅美慎

松島朱里

村中一輝	大野涼太
笹原英作	鴻巣正季
山口敬太	杉山諒二
服部 悠	河野健太
佐藤一輝	大黒智也
堀 直人	佐藤誠一

会場替わり出演

大倶利伽羅役	牧島 輝 （福井公演）
岩融役	佐伯大地 （愛知公演）
陸奥守吉行役	田村 心 （大阪公演）
加州清光役	佐藤流司 （宮城公演）
山姥切国広役	加藤大悟 （福岡・広島公演）
巴形薙刀役	丘山晴己 （千葉公演）
篭手切江役	田村升吾 （東京公演）

STAFF

音楽	YOSHIZUMI　和田俊輔
作詞	浅井さやか (One on One)
美術	石原 敬 (BLANk R&D INC.)
殺陣	清水大輔 (和太刀)
照明	木村伸子 (SWEET STUFF GROUP)
照明デザイン	鈴木健司 (ルポ)
音響	山本浩一 (エス・シー・アライアンス)
音響効果	青木タクヘイ (ステージオフィス)
映像	浦野大輔　恩蔵歩実 (ノアド)
衣裳	小原敏博
ヘアメイク	糸川智文 (STRINGS)
ライブ衣裳	農本美希 (エレメンツ・アッシュ)
歌唱指導	カサノボー晃
太鼓指導	東京打撃団 (平沼仁一　加藤拓哉　佐藤晃弘)
ボイ指導	Yuta (ボイラボ)
エイサー指導	徳冨美保
振付助手	MOUZU (村中一輝　大野涼太　山口敬太　杉山諒二　服部 悠　河野健太)
演出助手	石田恭子
舞台施工監督	新堀晃弘　篠崎早織 (フライズコーポレーション)
舞台進行監督	佐藤 豪
舞台大道具	菅谷忠弘　坂下みつき (シミズオクト)　俳優座劇場
舞台機構・電飾	茂木 至 (テルミック)
フロート	新垣隆治 (エアロテック)　佐藤和教 (K Zeta)
映像機材	大橋俊久　安田佳弘 (SOUND CREW)
特殊効果	高橋正和　飛田雅美 (Shooter)
レーザー	木村邦彦　中川美里 (ホーコークリエイティブ)
電源	小林清美 (三穂電機)
サービスカメラ	新井貴博 (629)　井上和行　御代川治子　川村真司
小道具	田中正史　宮本麻生奈　井口智香子 (アトリエ・カオス)　析山 兼　翁長聖菜
刀剣製作	林屋陽二
トランスポート	木島庸之 (プロテック)
照明操作	浦田知明 (PC LIGHTS)
音響操作	毎原範俊　倉重雅一　江藤貴英　齋藤茉美　真多かすみ (エス・シー・アライアンス)
音響システムデザイン	野口利明　川上和真 (エス・シー・アライアンス)
音響効果操作	矢野夏帆　須田邦仁
衣裳進行	懸幡抄織　角南由佳　山田有紀　柿沼千晴　古味千賀子　石井玲歌　音 華花　山藤菜々　田邉千尋
ヘアメイク進行	谷本明奈　杉野未香　津田亜由美　川崎マロミ　松本真由子　工藤有莉　白石恵梨　田中沙季　三上 彩
美術アシスタント	松澤貴代　牧野紗也子　湖崎茜香　鳥谷みずき

音楽アシスタント	杉田未央
衣裳アシスタント	小林由香
ライブ衣裳アシスタント	奥村浩子
太鼓管理	東京打撃団 (横山亮介　露木 一博　長谷川 暢)
映像製作	ノアド
ウィッグ製作	糸川智文　杉野未香 (STRINGS)
甲冑製作	水野泰彰 (A-Sura)
フロート・劇中道具デザイン	池宮城直美
稽古場代役	平井琴望　樽谷笑里奈　佐竹真依　前原雅樹　間下友貴　中西博稔　SHIMa　及川結依
トレーナー	伊藤 洋　山下早苗　揚野晶子　田代健一　武田浩幸　日極智美　梅田いづみ　親泊 聡
演出部	志村明彦　加瀬貴宏　渡辺雄次郎　荒松隼平　野々瀬大介　松下城支　櫻井健太郎　小野寺 栞　薬師寺ほのか　佐藤あおい　山本 旭　福元大介　加藤 唯　金子静香　黒瀬有美
音楽制作	ユークリッド・エージェンシー
協力	RMP　ホリ・エージェンシー　放映新社　劇団ひまわり　mitt management　キャストコーポレーション　Don-crew　トランセンド　81　アバンセ　ABP inc.　De-LIGHT　SUI　VOYZ ENTERTAINMENT　オムニア　ソニー・ミュージックエンタテインメント　オスカープロモーション　ディヴァイン　ワタナベエンターテインメント　サンライトプロダクション　ライジングプロダクション　スターレイプロダクション　エムドーン　ドルチェスター　MOUZU　Spacenoid Company　キューブ　OTO.LIKO
脚本協力	白川ユキ　月森 葵
音楽制作協力	ナカシマヤスヒロ　ハラヨシヒロ
美術協力	シミズオクト
照明協力	SWEET STUFF GROUP
音響協力	エス・シー・アライアンス　ステージオフィス
メイク協力	BRILLIAGE
小道具協力	藤浪小道具
楽器協力	三響社
収録協力	ユークリッド・エージェンシー
運営協力	キョードー北陸　サンデーフォークプロモーション　夢番地 (大阪)　キョードー東北　BEA　夢番地 (広島)　ディスクガレージ
物販協力	クオラス　ダブハンドデザインズ　DMI　フリークス　堀内カラー　ユークリッド・クリエイティブ　ルミカ
制作協力	マスターワーク　サイレン・エンタープライズ　アンデム
宣伝美術	江口伸二郎　告原小百合 (SENRIN)
宣伝写真	三宅祐介　山﨑伸康
ステージ撮影	渡部俊介　金山フヒト　植田哲平
WEB制作	SKIYAKI
印刷	テンプリント
物販進行	村松亜那　笹尾 愛　上田奈津子
商品営業	石原由香理　磯貝綾香　田口明日香
キャスティング	野上祥子　二村麻里子　菊池千花
票券	渡部 愛　佐藤由貴
宣伝	佐藤すみれ　片岡麻衣子

法務	石川恭司　米澤佳奈		サンドーム福井　2022.5.8
制作助手	アンデム（近藤たえ　佐藤彌）		
制作デスク	上田麻祐子		日本ガイシホール　2022.5.14-5.15
制作進行	堀 聖美　黒岩枝里奈　小澤佳奈（ネルケプランニング）		
	小野里明裕　山本 茂　石井修平（マスターワーク）		大阪城ホール　2022.5.18-5.19
	小寺博昭　柏木あゆみ（サイレン・エンタープライズ）		
アシスタントプロデューサー	園山みさと		セキスイハイムスーパーアリーナ（グランディ・21）　2022.5.25-5.26

法務　石川恭司　米澤佳奈
制作助手　アンデム（近藤たえ　佐藤彌）
制作デスク　上田麻祐子
制作進行　堀 聖美　黒岩枝里奈　小澤佳奈（ネルケプランニング）
　　　　　小野里明裕　山本 茂　石井修平（マスターワーク）
　　　　　小寺博昭　柏木あゆみ（サイレン・エンタープライズ）
アシスタントプロデューサー　園山みさと

監修協力　芝村裕吏　ニトロプラス

製作委員会
多々納麻岐　堤 万記子（ネルケプランニング）
小坂崇氣　北岡 功　小鞠　大幕理奈（ニトロプラス）
村中悠介　東條 寛　森田 淳　太田春輝　片桐優希　杉浦三代　平井 快（DMM GAMES）
石森 洋　羽田野嘉洋　佐藤麻衣子　森川 愛　宮瀬幸也　門馬 恵（ユークリッド・エージェンシー）

協力　一般社団法人 日本2.5次元ミュージカル協会

制作　ネルケプランニング

協賛　ローソンチケット

主催　ミュージカル『刀剣乱舞』製作委員会
　　　（ネルケプランニング　ニトロプラス　DMM GAMES　ユークリッド・エージェンシー）

ミュージカル刀剣乱舞　真剣乱舞祭2022 彩時記　STAFF
アートディレクション・デザイン　野中奏子　末次宏美
撮影　渡部俊介　金山フヒト　植田哲平
編集・製作進行　沼田由佳　榊 恵美　濵中さつき　一海ちなみ
ビジュアル進行　村松亜耶

サンドーム福井　2022.5.8
日本ガイシホール　2022.5.14-5.15
大阪城ホール　2022.5.18-5.19
セキスイハイムスーパーアリーナ（グランディ・21）　2022.5.25-5.26
西日本総合展示場 新館　2022.6.4-6.5
広島グリーンアリーナ　2022.6.9-6.10
幕張メッセ イベントホール　2022.6.15-6.16
国立代々木競技場 第一体育館　2022.6.22-6.26

ミュージカル刀剣乱舞　真剣乱舞祭2022 彩時記
2022年12月22日 初版発行

【編集】　ミュージカル『刀剣乱舞』製作委員会
【発行】　株式会社ネルケプランニング
　　　　　〒153-0043
　　　　　東京都目黒区東山1-2-2　目黒東山スクエアビル
　　　　　URL：https://www.nelke.co.jp/
【印刷】　テンプリント

9784909448170

1920074032006

ISBN978-4-909448-17-0
C0074 ¥3200E

3,520円（税抜価格：3,200円）